찰나의 순간
커   플

찰나의 순간 LOVE

지은이 보통의 우리
펴낸이 임상진
펴낸곳 도서출판 넥서스

초판 1쇄 인쇄 2017년 2월 1일
초판 1쇄 발행 2017년 2월 10일

출판신고 제406-251002011000302호
10880 경기도 파주시 지목로 5
Tel (02)330-5500 Fax (02)330-5555

ISBN 978-89-98454-43-2 13890

출판사의 허락 없이 내용의 일부를
인용하거나 발췌하는 것을 금합니다.

가격은 뒤표지에 있습니다.
잘못 만들어진 책은 구입처에서 바꾸어 드립니다.

www.nexusbook.com

LOVE
찰나의 순간 커플

넥서스

널 처음 만난 그 순간

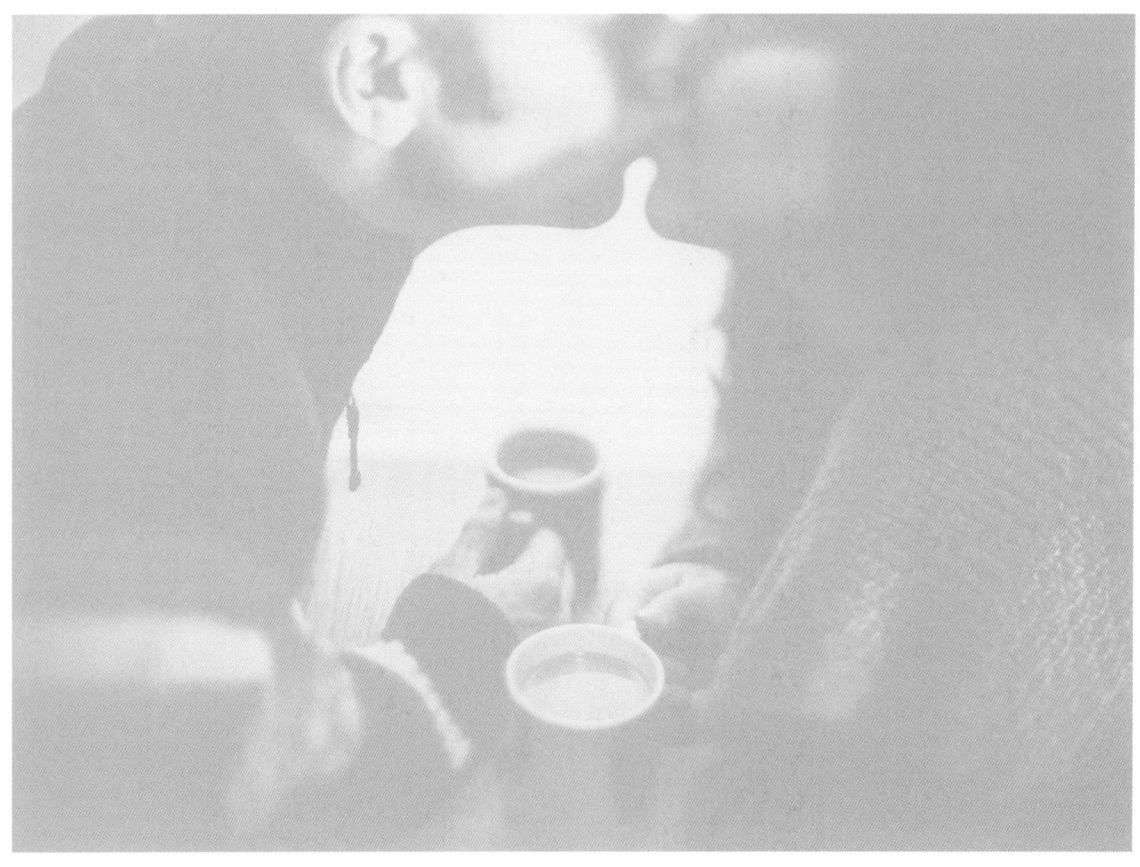

사랑에는 한 가지 법칙밖에 없다.
그것은 사랑하는 사람을 행복하게 만드는 것이다.

_스탕달(소설가)

다른 사람에게는 몰라도
내 인생에서 너는 특별한 존재야.

_영화 〈나의 사랑, 나의 신부〉

설렘을 기.억.해.

Darling, I Love You

그 곳에 여행을 가려고 기다리고 있습니다.

You're My Star

토닥토닥, 널 만나기 잘했다고 느낀 순간.
쓰다듬, 내 옆에 있어 줘서 고맙다고 느낀 순간.

찰나의 순간 거울

찰나의 순간 거울

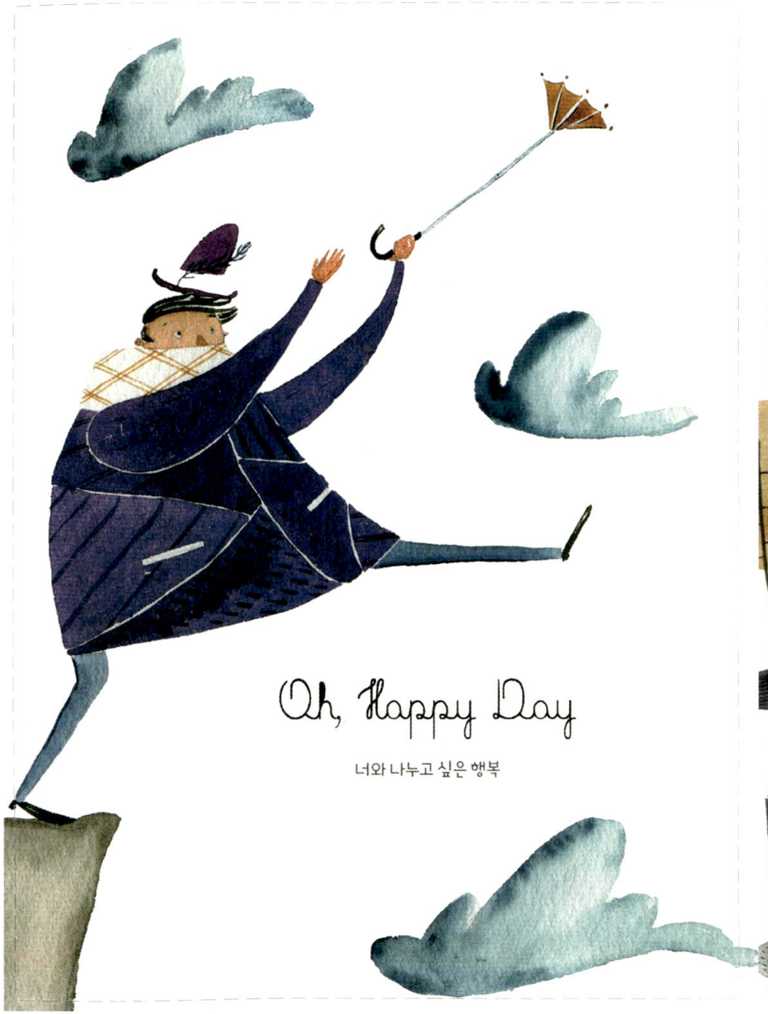
Oh, Happy Day
너와 나누고 싶은 행복

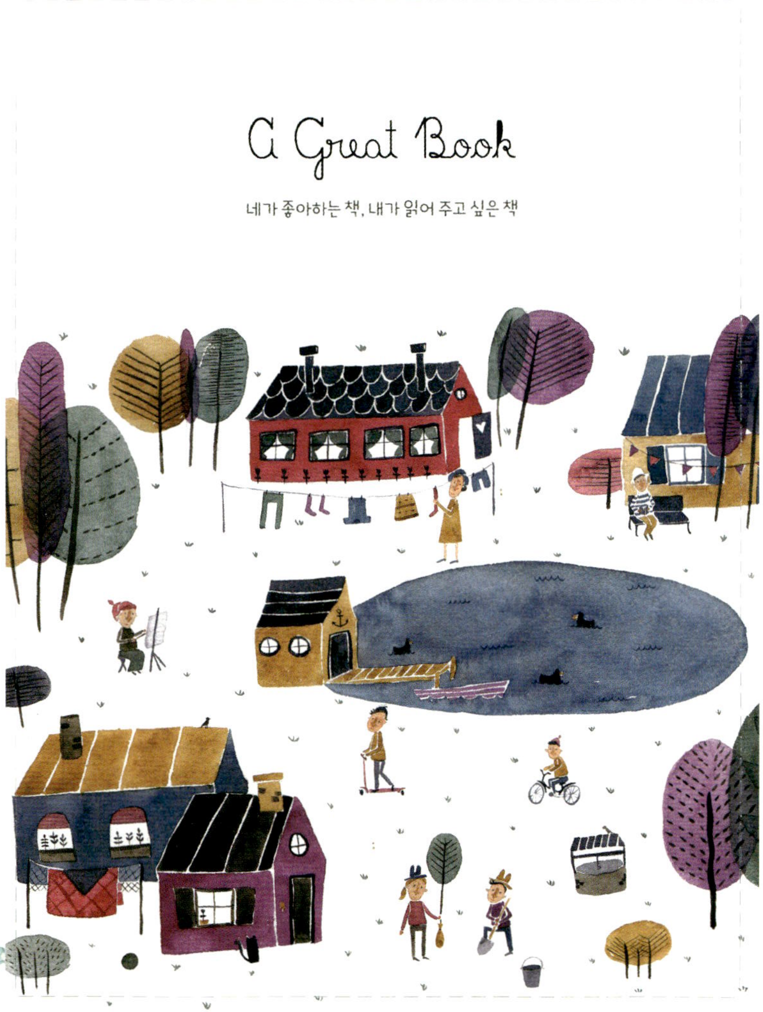
A Great Book
네가 좋아하는 책, 내가 읽어 주고 싶은 책

찰나의 순간 커플

찰나의 순간 커플

가끔은 사랑한다는 말보다
좋아 죽겠다는 그대의 표정이 더 좋아요.

_최대호 〈그 표정〉

사랑은 쟁취하는 거야

사랑은 용기 있는 자의 특권이다.
_마하트마 간디(정치가·사상가)

내 모든 감정은 너로 인해 시작된다

그 사람을 위해서 손해 봐도 좋다는 생각이 들면
그때부터 시작이야.

_드라마 〈연애의 발견〉

나는 너, 너는 나

나는 그대를 사랑하지 않을 수 없기 때문에
사랑하는 겁니다.

_막스 뮐러 《독일인의 사랑》

내 마음이 보이나요?

Looks Like Us

문득, 꺼내 본 풍경처럼 닮아있다고 느껴순간

Go on a Trip

너를 만나러 갔느를 설레게 했던 여행지,
그래서 너와 함께 가고 싶은 곳

찰나의 순간 거울

찰나의 순간 거울

Your Scent
풀포, 너를 나누하 있으면 나랑 너를 느끼 있다

Love Song
자랑 그곳 보고 있 우리 나에게 라라란 주곳고 있어라

함 나의 순간 커플

함 나의 순간 커플

네가 아니었다면 아마 난 사랑을
영영 몰랐을 거야.
사랑하는 법을 알게 해줘서 고마워.

_영화 〈이프 온리〉

우리들의 이야기

사랑은 마법과 같아서
어느 날 갑자기 사라져 버릴지도 몰라요.
하지만 난 지금 영원한 마법을 꿈꾸죠.
우리가 늘 오늘처럼
사랑하게 해 달라고 밤마다 기도해요.
_소피 마르소(영화배우·영화감독)

사랑의 유통기한

사랑은 약속이며
사랑은 한 번 주어지면
결코 잊히지도, 사라지지도 않는 선물이다.

_존 레논(가수)

당신을 믿어요

존경은 손에 키스하며, 우정은 열린 이마에 키스하며,
호감은 볼에, 큰 기쁨의 사랑은 입술에 키스한다네.
_프란츠 그릴파르처(극작가)

매일 소중해

Lonely

사르르두 너의 첫 표현.
맛, 기억하고 싶은 너의 한마디

Beautiful Moments

뭉클했던 그때, 기억하고싶은 너의 처음

참 나의 순간 커플

참 나의 순간 커플

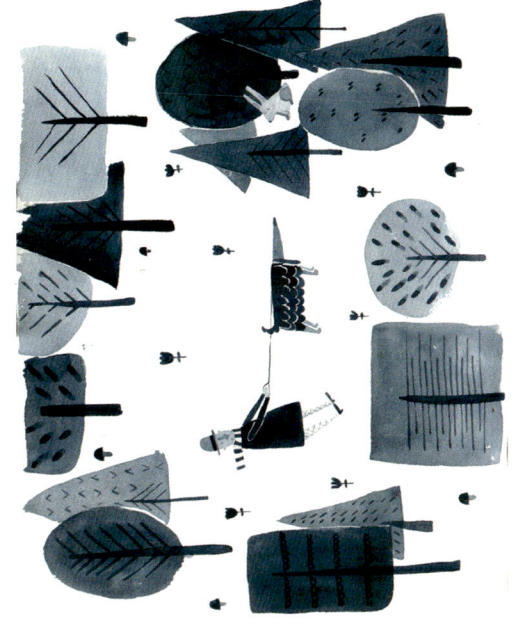

A Story for You
너에게 들려주는 이야기

Dating Router
무부부부, 우리의 달콤 데이트 코스

참 나 의 순 간 거 울

참 나 의 순 간 거 울

매일매일이 좋을 수는 없어.
그런데 잘 찾아보면
매일매일 좋은 일만 있는걸.

_AA밀른 《곰돌이 푸우》

뜨겁게 사랑하라!

놀라운 일이야.
마음 속의 사랑은 영원히 간직할 수 있으니 말이야.

_영화 〈사랑과 영혼〉

당신이 기억하는 모든 것

사랑은 눈이 아니라 마음으로 보는 것,
그래서 날개 달린 사랑의 천사 큐피드는
장님으로 그려진 거야.

_셰익스피어 《한여름 밤의 꿈》

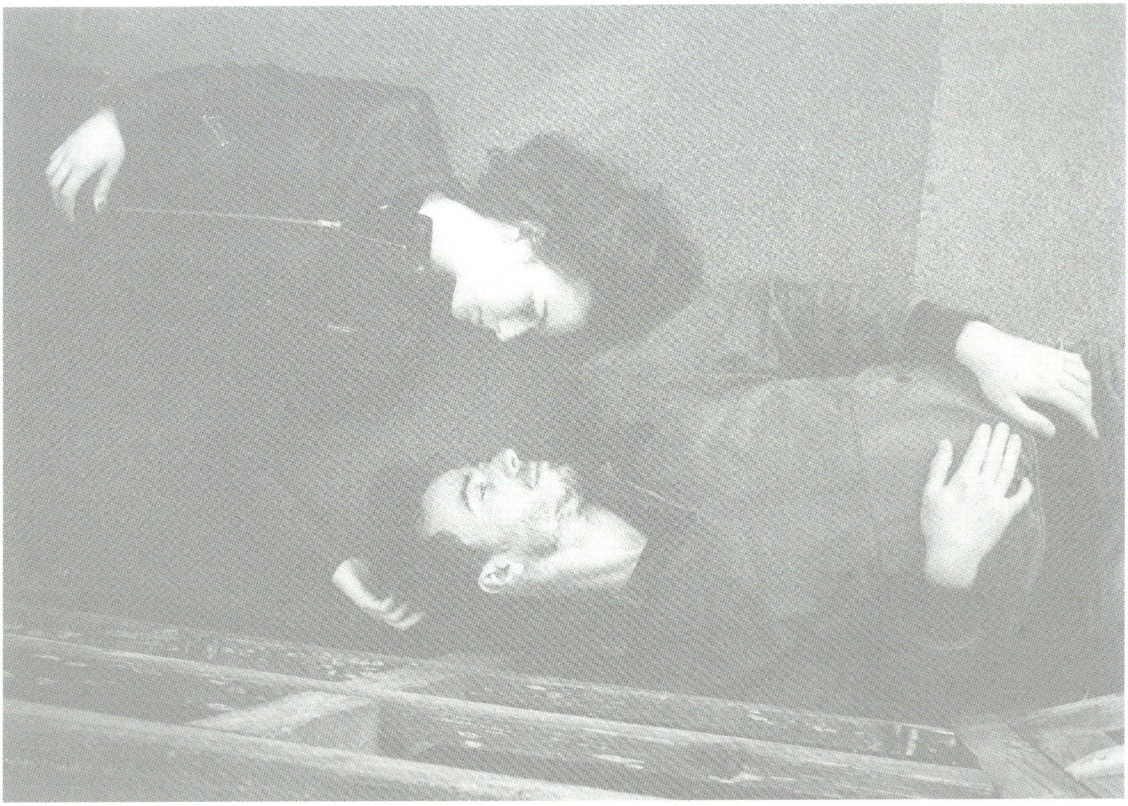

너만 보면 웃음이 나

"꽃이 어떻게 다른 꽃들에게 이야기하지요?
꽃들은 말을 할 줄 모르는데요!"

"물론 꽃들은 말을 할 줄 모르지.
너, 왜 약간이라도 바람이 불면 꽃들이 서로
고개를 끄덕이며 초록색 잎들을 흔드는 것을 보았지?
바로 그렇게 말을 주고받는단다.
우리가 함께 이야기하듯이 말이야."
_한스 안데르센《꼬마 이다의 꽃밭》

당신이어서 고맙습니다

당신의 조용한 눈 속에 나를 쉬게 해 주세요.
당신의 눈은 이 세상에서 가장 조용한 곳이지요.
당신의 검은 눈동자 속에 살고 싶습니다.
당신의 눈동자는 상냥한 밤처럼 부드럽습니다.

_막스 다우텐다이 《당신의 눈 속에》

내 여자친구·남자친구를 소개합니다

사랑스러운 여자와 걷고 있는 어떤 남자를 보았어.
행복해 보이더라.
그럼 너와 걷고 있는 나를 다른 사람이 본다면
얼마나 행복해 보인다는 걸까?

_최대호 《읽어보시집》

I want you to be happy

행복을 자신의 두 손안에 꼭 잡고 있을 때는
그 행복이 항상 작아 보이지만
행복이 떠나고 나면 비로소
그 행복이 얼마나 크고 귀중했었는지 알 수 있다.
_막심 고리키(작가)

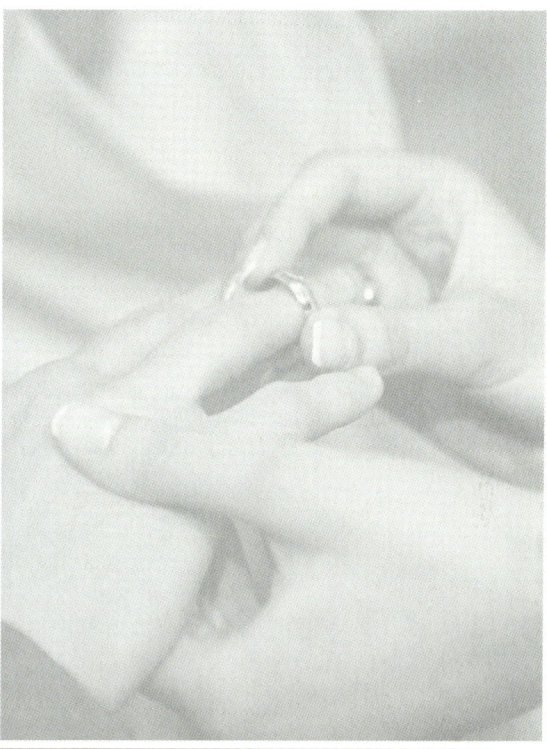

아주 사소한 우리 둘만의 이야기

당신이 수선화를 좋아하는 걸 알고 모든 꽃집에서 사왔어요.
내 마음을 받아 주세요.

_영화 〈빅 피쉬〉

Shall we dance?

사랑이란,
서로 마주 보는 것이 아니라
둘이서 똑같은 방향을 내다보는 것이라고
인생은 우리에게 가르쳐 주었다.

_생텍쥐페리(소설가)

지금 이 순간

아니,
네 모습 그대로의 너를 좋아해.

_영화 〈브리짓 존스의 일기〉

우리는 서로를
분명 사랑하는데…

사랑은 항상 어려움을 동반한다.
그건 분명한 사실이다.
하지만 사랑이 좋은 이유는
사랑이 가져다주는 거대한 에너지 때문이다.

_빈센트 반 고흐(화가)

여자가 말하는 찰나의 순간

만날 운명이라면 만나게 돼요.

_영화 〈세렌디피티〉

남자가 말하는 찰나의 순간

네가 없는 곳은 기억나질 않아.

_영화 〈이터널 선샤인〉

또 한 번 사랑에 빠.지.다.

만일 내가 사랑을 알게 되었다면
그것은 당신 때문입니다.

_헤르만 헤세(소설가·시인)

나란히 걷는 발,
꼭 잡은 손

기왕이면 혼자 걷지 않고
손을 잡고 계속 같이 걸을 수 있길.
_페리테일 《나는 이제 좀 행복해져야겠다》

Will you marry me?

사랑해. 당신은 나를 완전하게 해.

_영화 〈제리 맥과이어〉

봄
Spring

시작하는 연인들을 위한 서울숲
Area 서울 성동구 *Theme* 힐링, 피크닉

We wish you a Merry Christmas

연인과 함께하는 예술 여행 **아미 미술관**
Area 충남 당진 *Theme* 문화, 예술

여름
Summer

60

싱그러움이 가득한 **중앙공원**
Area 경기도 부천 *Theme* 힐링, 피크닉

푸른 물결 가득한 낭만여정 케팔로니아 섬
Area 그리스 *Theme* 로맨틱

가을
Fall

사랑하는 연인들을 위한 **블타바 강**
Area 체코 프라하　*Theme* 로맨틱, 야경

I love you *forever*

바츨라프 광장
Area 체코 프라하 *Theme* 문화, 역사

겨울
Winter

둘이라서 더 좋은 겨울 여행 빌뉴스
Area 리투아니아 *Theme* 크리스마스, 야경

사랑이 무르익는 **노르말름**
Area 스웨덴 스톡홀름 *Theme* 기차

사랑하는 사람과 함께 만드는 감성 앨범&라이팅북

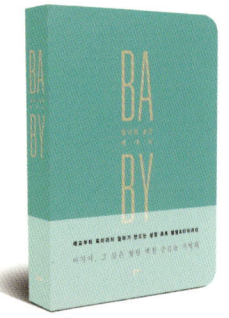

찰나의 순간 BABY — 행복한 가족 지음

태교부터 육아까지 엄마가 사진과 손글씨로 기록하는 성장 앨범&감성 라이팅북
우리 아가의 성장 스토리를 한 권의 성장 앨범&감성 라이팅북으로 만들어 보세요. 걸음마 하는 모습을 담은 사진, 월령별 우리 아가의 성장 발달 사항을 기록한 메모 등 예쁜 사진과 글을《찰나의 순간 BABY》에 남긴다면 우리 아가에게 행복한 선물이 될 거예요.

찰나의 순간 LOVE — 보통의 우리 지음

첫 만남부터 프로포즈까지 커플이 사진과 손글씨로 기록하는 로맨틱 앨범&감성 라이팅북
사랑스러운 연인들의 소소한 일상부터 기념일, 여행 등 모든 순간을 커플 앨범&감성 라이팅북으로 만들어 보세요. 설레서 잠이 오지 않았던 기억, 서로 엇갈려 조바심 나던 시간 등《찰나의 순간 LOVE》와 함께 둘만의 소소한 이야기를 시작해 보세요.

찰나의 순간 DOG — 또 하나의 가족 지음

입양부터 가족이 되기까지 사진과 손글씨로 기록하는 반려견 성장 앨범&감성 라이팅북
항상 내 편이 되어 주는 또 다른 가족, 반려견의 성장 스토리를 한 권의 성장 앨범&감성 라이팅북으로 만들어 보세요. 함께라서 더 행복한 반려견의 일상을 담은 사진, 반려견에게 하고 싶은 이야기 등 입양에서 가족이 되기까지의 스토리를《찰나의 순간 DOG》에 남긴다면 사랑하는 반려견에게 특별한 선물이 될 거예요.

찰나의 순간 CAT — 또 하나의 가족 지음

입양부터 가족이 되기까지 사진과 손글씨로 기록하는 반려묘 성장 앨범&감성 라이팅북
항상 내 곁에서 나를 위로하는 또 다른 가족, 반려묘의 성장 스토리를 한 권의 앨범&감성 라이팅북으로 만들어 보세요. 도도한 냥이의 일상을 담은 사진, 냥이에게 하고 싶은 말 등 입양에서 가족이 되기까지의 스토리를《찰나의 순간 CAT》에 남긴다면 사랑하는 반려묘에게 특별한 선물이 될 거예요.